L'Abbé Raguenet publia en 1702 son parallele dans lequel au préjudice de la Nation il donne la préférence aux Italiens sur ce qui regarde la perfection de la Musique. Cet Abbé s'étoit ainsi expliqué en leur faveur en reconnoissance des Lettres patentes de Citoyen Romain que lui avoient libéralement accordé Les conservateurs de La Ville de Rome.

Jean Laurent Le Cerf de La Vieville prit la défense des François dans un livre qu'il intitula Comparaison de la Musique italienne et de la Musique Françoise en 1704[4].

En 1705. L'Abbé Raguenet répondit en intitula La réponse Deffense du Parallele &c.

La Cerf. y répondit en 1706. par 2. nouveaux Tome s. Les journalistes de Trevoux critiquerent ces 2. Tomes.

Le Cerf Leur répondit par une Brochure intitulée L'art de Decrier ce que l'on entend point. Mercure de France Avril 1726. pag.644.

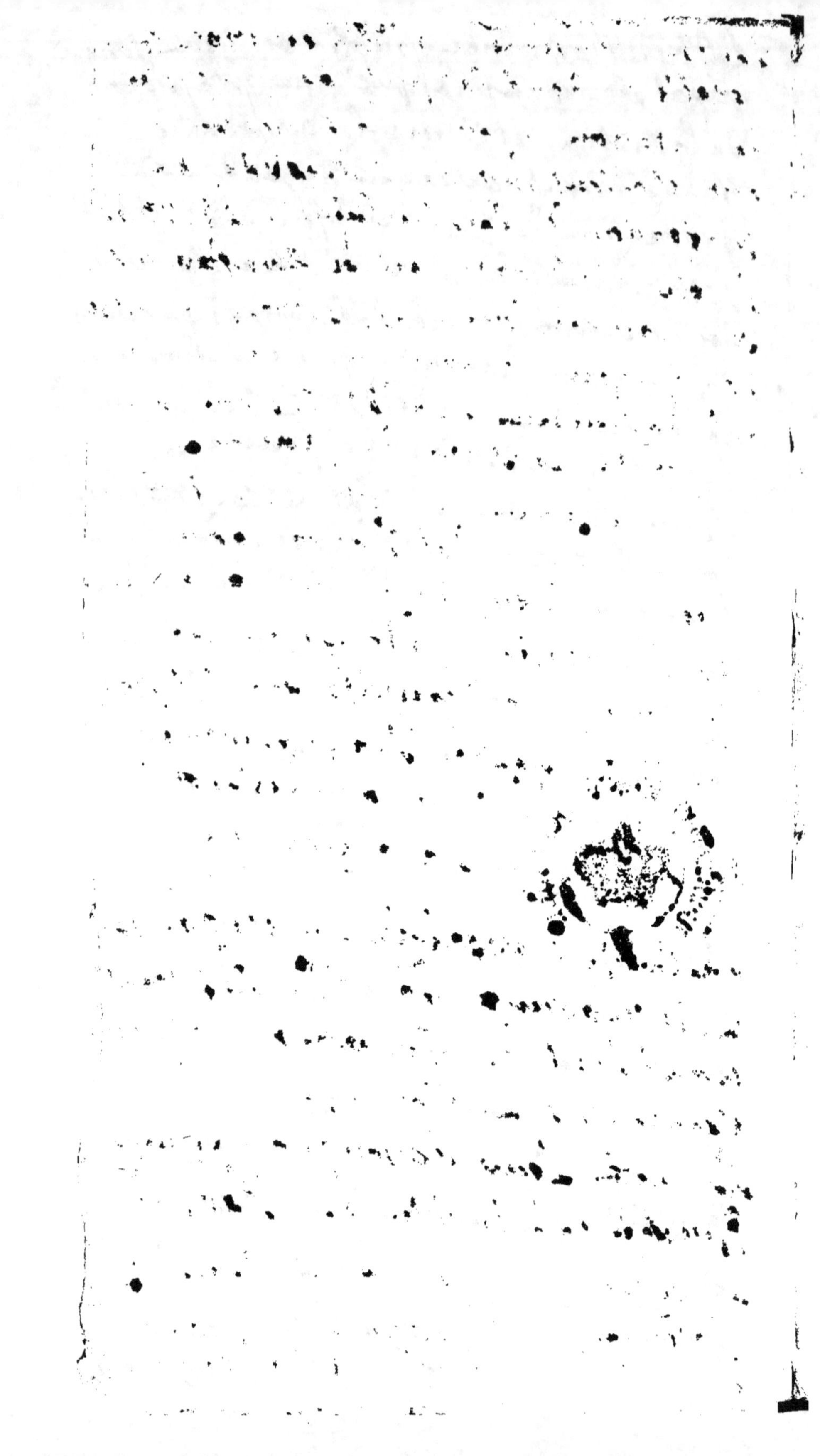

PARALELE
DES ITALIENS
ET
DES FRANÇOIS,
EN CE QUI REGARDE
LA MUSIQUE
ET
LES OPÉRA.

A PARIS,

Chez JEAN MOREAU, ruë S. Jacques,
à la Toison d'or, vis-à-vis S. Yves.

M. DCII.

Avec Approbation & Privilege du Roy.

Raguenet.
Parallèle des
~~opéras~~ italiens
et des françois

APPROBATION
de Monsieur de Fontenelle, de l'Academie Françoise.

J'Ay lû par ordre de Monseigneur le Chancelier le présent Manuscrit, & j'ay crû que l'impression en seroit tresagréable au Public, pourveu qu'il soit capable d'équité. Fait à Paris ce 25. Janvier 1702.

FONTENELLE.

PRIVILEGE DU ROY.

LOuis par la grace de Dieu Roy de France &

ã ij

de Navarre : A nos amez &
feaux Confeillers , les Gens
tenans nos Cours de Parle-
mens , Maîtres des Requêtes
Ordinaires de notre Hôtel ,
Grand-Confeil, Prévôt de Paris , Baillifs , Sénéchaux , leurs
Lieutenans Civils , & autres
nos Jufticiers qu'il appartien-
dra. Salut, Jean Moreau,
l'un des Imprimeurs de nôtre
bonne Ville de Paris , Nous
ayant fait fupplier de luy per-
mettre l'impreffion d'un petit
Ouvrage intitulé, *Paralele des
Italiens & des François en ce
qui regarde la Mufique & les
Opéra:* Nous luy avons permis
& accordé, permettons & ac-
cordons par ces Prefentes d'imprimer ou faire imprimer ledit

Livre en telle forme , marge
caractere & autant de fois que
bon luy semblera pendant le
temps de quatre années conse-
cutives , à compter du jour de
la datte des Presentes, & de le
vendre ou faire vendre & di-
stribuer par tout notre Royaume, Faisant défenses à tous Libraires, Imprimeurs & autres
dans lad. Ville de Paris seulement , d'imprimer vendre ny
debiter led. Livre sous quelque
prétexte que ce soit, d'impression étrangere ou autrement,
sans le consentement de l'Ex-
posant ou de ses ayans cause , à
peine de cõfiscation des Exem-
plaires contrefaits, de mille livres d'amande contre chacun
des cõtrevenans, applicable un

Regiſtres de la Communauté des Libraires de notre bonne Ville de Paris , le tout à peine de nullité d'icelles; du contenu deſquelles Nous vous mandons & enjoignons de faire joüir l'Expoſant ou ſes ayans cauſe, pleinement & paiſiblement , ceſſant & faiſant ceſſer tous troubles & empêchemens contraires. Voulons que la copie deſdites Preſentes qui ſera imprimée au commencement ou à la fin dudit Livre , ſoit tenuë pour dûëment ſignifiée, & qu'aux copies collationnées par l'un de nos amez & feaux Conſeillers & Secretaires, foy ſoit ajoûtée comme à l'Original : Commandons au premier notre Huiſſier ou Sergent

tiers à Nous, un tiers à l'Hôtel-
Dieu de Paris, l'autre tiers au-
dit Expofant, & de tous dé-
pens, dommages & interefts ; à
la charge de mettre, avant de
l'expofer en vente, deux Exem-
plaires en notre Bibliotheque
publique, un autre dans le Ca-
binet des Livres de nôtre Châ-
teau du Louvre, & un en celle
de notre tres-cher & feal Chevalier Chancelier de France le
Sr Phelypeaux Comte de Pont-
chartrain, Commandeur de nos
Ordres, de faire imprimer ledit
Livre dans notre Royaume
& non ailleurs, en beau caractere & papier, fuivant ce qui
eft porté par les Reglemens des
années 1618. & 1686. & de faire
enregiftrer les Prefentes és

de faire pour l'execution des
Prefentes toutes fignifications,
défenfes, faifies, & autres actes
requis & neceſſaires, fans de-
mander autre permiſſion , &
nonobftant clameur de Haro,
Chartre Normande,& Lettres
à ce contraires : Car tel eft
notre plaifir. Donne' à Ver-
failles le 19. jour de Février,
l'an de grace mil fept cent
deux,& de notre Regne le cin-
quante-neuviéme. Par le Roy
en fon Conſeil, Le Comte.

*Regiſtré ſur le Livre de la Communauté
des Imprimeurs & Libraires de Paris confor-
mément aux Reglemens.*

Signé, P. Trabouïllet, *Syndic.*

Achevé d'imprimer pour la premiere fois
le 23. Février 1702.

PARALELE

DES ITALIENS

ET

DES FRANCOIS

EN CE QUI REGARDE

LA MUSIQUE

ET

LES OPERA.

IL y a un si grand nombre de choses en quoi les François l'emportent sur les

A

Italiens en ce qui regarde la Musique; & il y en a un si grand nombre d'autres en quoi les Italiens ont l'a-vantage sur les François, que je ne pourrois me re-soudre à en faire le dé-tail, si je n'étois persuadé qu'il est absolument ne-cessaire d'y entrer pour faire un paralele juste, & porter un jugement exact des uns & des au-tres.

Les Opéra sont les plus

grands ouvrages de Mu-
ſique qu'on ait coûtume
de faire entendre; ils ſont
communs aux Italiens &
aux François; c'eſt là où
les uns & les autres ſe ſont
le plus efforcez de faire
briller leur génie; c'eſt
pourquoi ce ſera ſur ces
ſortes d'ouvrages que je
ferai principalement rou-
ler le paralele : mais il y
a bien des choſes qu'il faut
diſtinguer pour cela ; la
langue Italienne, & la lan-

gue Françoiſe, dont l'une peut être plus favorable que l'autre pour la Muſi-que ; la compoſition des piéces de Théatre que les Muſiciens mettent en chant ; la qualité des Ac-teurs ; celle des Joüeurs d'Inſtrumens; les différen-tes eſpéces de voix ; le Ré-citatif ; les Airs ; les Sym-phonies ; les Chœurs ; les Danſes ; les Machines ; les Décorations ; & toutes les autres choſes qui entrent

dans la compofition des
Opéra,& qui contribuënt
à la perfection du fpecta-
cle : car il faut examiner
toutes ces chofes en par-
ticulier pour bien juger
lefquels l'emportent des
Italiens ou des François.

Nos piéces de Théatre
fur lefquelles les Muficiens
travaillent, font fort au-
deffus de celles des Ita-
liens ; ce font des pié-
ces régulieres & fuivies;
quand on ne feroit qu'-

en déclamer les paroles
fans les chanter, elles plai-
roient autant que les au-
tres piéces de Théatre qui
ne fe chantent point; rien
n'eft plus fpirituel que les
Dialogues qui s'y trou-
vent; les Dieux y parlent
avec toute la dignité de
leur caractére; les Roys,
avec toute la Majefté de
leur rang, les Bergers &
les Bergeres, avec le tendre badinage qui leur con-
vient; l'amour, la jalou-

fie, la fureur, & les au-
tres paſſions y ſont trai-
tées avec un art & une
délicateſſe infinie, & il y
a peu de Tragédies ou
de Comédies qui ſoient
plus belles que la plûpart
des Opera qu'a fait Qui-
nault.

Les Opéra des Italiens,
au contraire, ſont de pi-
toyables rapſodies ſans
liaiſon, ſans ſuite, ſans
intrigue: leurs piéces ne
ſont proprement que des

canevas fort minces & fort maigres : toutes les Scênes y font compofées de quelque Dialogue ou de quelque Monologue trivial au bout duquel ils fourent quelqu'un de leurs plus beaux Airs qui en fait la fin. Ces Airs font tres-fouvent des Airs détachez qui ne font point du corps de la Piéce, & qui ont efté faits par d'autres Poëtes ou féparément, ou dans la fuite de

quelque autre Ouvra-
ge. Quand l'Entrepreneur
d'un Opéra a affemblé fa
Troupe dans quelque Vil-
le, il choifit pour fujet de
fon Opéra, la Piéce qui
luy plaît, comme *Camil-
le*, *Thémiftocle*, *Xer-
cès &c.* mais cette Piéce
n'eft, comme je viens de
le dire, qu'un canevas qu'-
il étoffe des plus beaux
Airs que fçavent les Mu-
ficiens de fa Troupe : car
ces beaux Airs font des fel-

les à tous chevaux, ce font des déclarations d'amour faites d'une part, & acceptées ou rejettées de l'autre, des tranfports d'Amans contens, ou des plaintes d'Amantes malheureufes, des proteftations de fidelité, ou des fentimens de jaloufie, des raviffemens de plaifir, ou des accablemens de douleur, des fureurs, des defefpoirs: il n'y a point de Scêne à la fin de laquelle les Italiens ne sçachent trouver place pour quel-qu'un de ces Airs : mais un Opéra fait ainsi de morceaux rapetassez & de Piéces recousuës ne sçauroit constamment ê-tre mis en paralele avec les nôtres qui sont des Ou-vrages d'une suite, d'une justesse, & d'une condui-te merveilleuses.

Nos Opéra ont de plus un grand avantage sur ceux des Italiens, du cô-

té des voix, par les Baſſes-
contres qui ſont ſi com-
munes chez nous, & ſi
rares en Italie : car, au jugement de toute oreille,
il n'y a rien de plus charmant qu'une belle Baſſe-
contre ; le ſimple ſon de
ces Baſſes que l'on entend
quelques - fois s'abîmer
dans un creux profond a
quelque choſe qui en-
chante, ces groſſes voix
ébranlent une bien plus
grande quantité d'air que

les autres, & le rempliſ-
ſent par conſéquent d'une
bien plus agréable & bien
plus vaſte harmonie. Dans
les perſonnages de Dieux
& de Roys, quand il faut
faire parler, ſur la Scê-
ne, un Jupiter, un Nep-
tune, un Priam, un Aga-
memnon, nos Acteurs,
avec le ſon de leurs groſſes voix, ont toute une
autre Majeſté que ceux
des Italiens avec leurs foſ-
ſets ou leurs fauſſes Baſſes

qui n'ont ny creux ny force : outre que le mélange de ces Baſſes avec les Deſſus forme un Contraſte agréable qui fait ſentir toute la beauté des unes par l'oppoſition des autres, plaiſir que les Italiens ne goûtent jamais, les voix de leurs Muſiciens qui ſont preſque tous des *Caſtrati* étant entiérement ſemblables à celles de leurs femmes.

Outre l'avantage de la justeſſe des Piéces, & des différentes eſpéces de voix, nous avons encore celui des Chœurs, des Danſes, & des autres divertiſſemens en quoi nos Opéra l'emportent infiniment ſur ceux des Italiens. Ceux-ci, au lieu des Chœurs & des divertiſſemens qui font une ſi agréable varieté dans nos Opéra & qui leur donnent même je ne ſçai quel

air de grandeur & de ma-
gnificence , n'ont ordi-
rement que des Scênes
burlefques d'un bouffon ;
de quelque vieille qui fera
amoureufe d'un valet, ou
d'un Magicien qui chan-
gera un chat en un oy-
feau, un violon en un hi-
bou, & qui fera d'autres
tours femblables lefquels
ne fçauroient divertir que
le Parterre : & pour leurs
Danfes, c'eft la plus grande pitié du monde, leurs

Danfeurs

Danſeurs ſont des hom-
mes tout d'une piéce ſans
bras, ſans jambes , ſans
taille, & ſans air.

Quant aux inſtrumens ,
nos violons ſont au-deſſus
de ceux d'Italie pour la
fineſſe & la délicateſſe du
jeu. Tous les coups d'ar-
chet des Italiens ſont tres-
durs lors qu'ils ſont dé-
tachez les uns des autres ;
& lors qu'ils les veulent
lier, ils viellent d'une maniere tres - deſagréable.

D'ailleurs, outre toutes
les fortes d'inftrumens
qui font en ufage parmi
les Italiens, nous avons
encore les Haut - bois
qui, par leur fon égale-
ment moëlleux & per-
çant, ont tant d'avanta-
ge fur les violons dans les
airs de mouvement; &
les flûtes que tant d'illu-
ftres ✶ fçavent faire gé-
mir d'une maniere fi tou-

*Philbert, Philidor, Defcoteaux,
& les Hoteterres.

chante dans nos airs plain-
tifs, & foupirer fi amou-
reufement dans nos airs
tendres.

Enfin les François l'em-
portent fur les Italiens,
dans les Opéra, pour les
habillemens des Acteurs
& des Actrices ; ils font
d'une richeffe, d'une ma-
gnificence, d'une élégan-
ce, & d'un goût qui paf-
fent tout ce qu'on voit
ailleurs. Il n'y a point, en
Europe , de Danfeurs

qui approchent des leur,
de l'aveu même des Ita-
liens ; les *Combattans* &
les *Cyclopes* de Perſée ; les
Trembleurs & les *For-*
gerons d'Iſis, les *Songes fu-*
neſtes d'Atis, & leurs autres entrées de Ballet ſont
des Piéces originales, ſoit
pour les Airs compoſez
par Lully, ſoit pour les
Pas que Beauchamp a fait
ſur ces Airs ; on n'avoit
rien vû de ſemblable ſur
le Théatre avant ces deux

grands hommes; ils en
font les inventeurs, & ils
ont porté tout d'un coup
ces Piéces à un si haut degré de perfection, que
personne ny en Italie, ni
en aucun autre endroit
du monde, n'y a sçû at-
teindre depuis, & n'y at-
teindra peut-être jamais.
Nul combat de Théatre
ne présente une image si
naturelle de la Guerre,
que ceux que les François
font quelquefois paroî-

tre fur la Scêne : en un mot , tout eſt executé, chez eux,avec une juſteſſe qui ne ſe dément en rien; tout y eſt lié, tout y eſt or-dōné avec une ſuite & u-ne économie admirables ; tellement qu'il n'y a point de perſōne intelligente & équitable qui ne demeu-re d'accord que les Opéra des François ont la forme d'un Spectacle bien plus parfait que ceux des Ita-liens, & que ces ſortes d'Ouvrages, comme spectacles, font en France au-deffus de ce qu'on voit en Italie. Voilà tout ce qu'on peut dire à l'avantage de la France, en ce qui regarde la Mufique & les Opera. Voyons préfentement ce qui peut être à l'avantage de l'Italie en ces deux chofes.

La langue Italienne a un grand avantage fur la langue Françoife pour être chantée, en ce que toutes

ſes voïelles ſonnent tres-
bien, au lieu que la moitié
de celles de la langue Françoiſe ſont des voïelles
muettes qui n'ont preſque
point de ſon; d'où il arrive
premiérement qu'on ne
ſçauroit faire aucune ca-
dence ni aucun paſſage
agréable ſur les ſyllabes
où ſe trouvent ces voïel-
les; & en ſecond lieu, qu'-
on n'entend qu'à demi les
mots ; de ſorte qu'il faut
deviner la moitié de ce
que

que chantent les François,
& qu'au contraire on en-
tend tres - diftinctement
tout ce que difent les Italiens. D'ailleurs, quoique
toutes les voyelles de la
langue Italienne fonnent
parfaitement bien, les Muficiens choififfent encore
celles qui s'entendent le
mieux pour y faire leurs
plus beaux paffages; c'eft
fur la voyelle *a* qu'ils les
font prefque tous ; & ils
ont raifon en cela, puif-

C

que cette voïelle étant celle de toutes qui a le son
le plus net , la beauté des
paſſages & des cadences
en paroît davantage ; au
lieu que les François les
font indifféremment ſur
toutes les voyelles , ſur
les plus ſourdes comme
ſur les plus ſonores ; ils les
font même ſouvent ſur
des diphtongues, comme
dans les mots de *Chaîne,*
de *Gloire* &c. dont le ſon
étant confus & mêlé de

celui de deux voyelles
jointes enfemble, ne fau-
roit avoir la netteté & la
beauté des voyelles fim-
ples. Mais ce n'eft là proprement que le matériel
de la Mufique ; venons
à ce qui en fait l'effence
& la forme, c'eft-à-dire
au caractére des Airs con-
fidérez ou en particulier,
ou par rapport aux diver-
fes parties dont les gran-
des Piéces font compo-
fées.

Les Airs Italiens font plus détournez & plus hardis que les Airs Fran-çois ; le caractére en eft pouffé plus loin foit pour la tendreffe, foit pour la vivacité, ou pour toutes les autres fortes d'efpéces. Les Italiens uniffent mê-me quelquesfois des ca-ractéres que les François croyent incompatibles. Les François, dans les Piéces à plufieurs parties, ne travaillent communé-

ment que celle qui eſt le
ſujet; les Italiens aucon-
traire, les font toutes ,
pour l'ordinaire , égale-
ment belles & recher-
chées; enfin le génie des
derniers eſt inépuiſable
pour inventer , au lieu
que celui des premiers
eſt aſſez étroitement borné ; c'eſt ce que je vais tâ-
cher de faire voir d'une
maniére ſenſible en en-
trant dans le détail de
toutes ces choſes.

On ne s'étonnera point
que les Italiens trouvent
que notre Musique berce
& qu'elle endort, qu'elle
est même, à leur goût,
tres-plate & tres-insipide,
quand on considérera la
nature des Airs François
& celle des Airs Italiens.
Les Francois, dans les
Airs qu'ils font, cher-
chent par-tout le doux,
le facile, ce qui coule,
ce qui se lie; tout y est
sur le même ton; ou si

quelquesfois on en chan-
ge, on le fait avec des pré-
parations & des adoucif-
femens qui rendent l'Air
auffi naturel & auffi fuivi
que fi l'on n'en changeoit
point du tout, il n'y a rien
de fier ny de hazardé;
tout y eft égal & tout uni.
Les Italiens, au contrai-
re, paffent à tout mo-
ment du *b* carre au *b*
mol, & du *b* mol au *b*
carre; ils hazardent les
cadences les plus forcées

& les diſſonances les plus irréguliéres ; & leurs Airs ſont d'un chant ſi détourné, qu'ils ne reſſemblent en rien à ceux que compoſent toutes les autres Nations du monde.

Les Muſiciens François ſe croiroient perdus s'ils faiſoient la moindre choſe contre les régles , ils flatent, chatoüillent, reſpectent l'oreille, & tremblent encore dans la crainte de ne pas réüſſir après avoir fait les chofes dans toute la régularité poffible ; les Italiens plus hardis changent brufquement de ton & de mode, font des cadences doublées & redoublées de fept & de huit mefures fur des tons que nous ne croirions pas capables de porter le moindre tremblement ; ils font des Tenuës d'une longueur fi prodigieufe , que ceux qui n'y font pas accoû-

tumez ne ſauroient s'em-
pêcher d'eſtre d'abord in-
dignez de cette hardieſſe
que dans la ſuite on croit
ne pouvoir jamais aſſez
admirer ; ils font des paſſages d'une étenduë qui
confond tous ceux qui les
entendent pour la pre-
miére fois ; & ils les font
même quelquesfois ſur
des tons ſi irréguliers,
qu'ils jettent la frayeur
auſſi-bien que la ſurpriſe
dans l'eſprit de l'Auditeur

qui croit que tout le Concert va tomber dans une dissonance épouventable; & l'interessant par - là dans la ruine dont toute la Musique paroît menacée, ils le rassurent aussitôt par des chutes si réguliéres, que chacun est surpris de voir l'harmonie comme renaître de la dissonance même, & tirer sa plus grande beauté de ces irrégularitez qui sembloient aller à la détruire.

Ils hazardent ce qu'il y a de plus dur & de plus extraordinaire, mais ils le hasardent comme des gens qui sont en droit de le hazarder , & qui sont assurez du succès : dans le sentiment qu'ils ont d'être les premiers hommes du monde pour la Musique, d'en être les Souverains & les Maîtres despotiques, ils franchissent ses régles par des saillies téméraires, mais heureuses;

ils se mettent au dessus de l'art, mais en maîtres de l'art qui suivent ses loix quand ils veulent, & qui les brusquent aussi quand il leur plaît, ils insultent la délicatesse de l'oreille que les autres n'oseroient toucher qu'en la flatant, ils la bravent, ils la for-cent, ils la maîtrisent, & l'emportent par des char-mes qui tirent assurément leur plus grande force, de la hardiesse avec la-

quelle ils fçavent s'en
fervir.

Quelquefois vous en-
tendez une Tenuë contre
laquelle les premiers tons
de la Baſſe continuë font
une diſſonance qui irrite
l'oreille; mais la Baſſe con-
tinuant de joüer, revient
à cette Tenuë par de ſi
beaux accords, qu'on
voit bien que le Muſicien
n'a fait ces premiéres diſſonances, que pour faire
ſentir, avec plus de plaiſir,

ces belles cordes où il ra-
méne aussi-tôt l'harmo-
nie.

Qu'on donne une de
ces dissonances à chanter
à un François, il n'aura
jamais la force de la soûte-
nir avec la fermeté dont il
faut qu'elle soit soûtenuë,
afin qu'elle réüssisse ; son
oreille accoûtumée aux
consonances les plus dou-
ces & les plus naturelles,
est choquée de son irré-
gularité, il tremble en la

chantant, il chancelle ;
au lieu que les Italiens
dont l'oreille eſt rompuë
de jeuneſſe à ces diſſonances, & y a été accoûtu-
mée par la force de l'habi-
tude, ſont auſſi fermes ſur
le ton le plus irrégulier ,
que ſur la plus belle cor-
de du monde, & chantent
tout avec une hardieſſe &
une aſſurance qui les fait
toûjours réüſſir.

La Muſique eſt une
choſe trop commune en
Italie;

Italie ; les Italiens y chantent des le berceau , ils
chantent tous les jours ,
ils chantent par-tout ; un
chant naturel & uni est ,
pour eux, une chose trop
vulgaire, ils en ont trop
entendu de cette maniére,
le naturel est usé pour eux;
pour picquer leur goût
rassasié de chants simples
& suivis, il faut sans cesse
passer d'un ton à l'autre,
& hazarder les passages
les plus bizarres & les plus

forcez; sans cela, on ne peut les réveiller, ni exciter leur attention. Mais continuons le Paralele, par raport aux divers caractéres des Airs.

Comme les Italiens sont beaucoup plus vifs que les François, ils sont bien plus sensibles qu'eux aux passions, & les expriment aussi bien plus vivement dans toutes leurs productions; s'il faut faire une symphonie qui exprime

la tempête, la fureur, ils
en impriment ſi bien le
caractére dans leurs Airs,
que ſouvent la réalité n'a-
git pas plus fortement ſur
l'ame ; tout y eſt ſi vif, ſi
aigu, ſi perçant , ſi impétueux & ſi remuant, que
l'imagination , les ſens ,
l'ame, & le corps même
en ſont entraînez d'un
commun tranſport ; on
ne peut ſe défendre de
ſuivre la rapidité de ces
mouvemens ; une ſym-

phonie de Furies agite l'a-
me, la renverſe, la culbu-
te malgré elle ; le Joüeur
de violon qui l'éxécute ne
peut s'empêcher d'en être
tranſporté & d'en pren-
dre la fureur, il tourmente ſon violon, ſon corps ,
il n'eſt plus maître de lui-
même, il s'agite comme
un poſſédé, il ne ſauroit
faire autrement.

Si la Symphonie doit
exprimer le calme & le re-
pos, quoi qu'elle demande

un caractére tout oppofé,
ils ne l'éxécutent pas avec
moins de fuccès; ce font
des tons qui defcendent
fi bas, qu'ils abiment l'a-
me avec eux dans leur
profondeur; ce font des
coups d'archet d'une lon-
gueur infinie , traïnez
d'un fon mourant qui
s'affoiblit toûjours juf-
qu'à ce qu'il expire en-
tiérement. Les Sympho-
nies de leurs fommeils
enlévent tellement l'ame

aux sens & au corps suf-
pendent tellement fes fa-
cultez & fon action, que
toute occupée de l'har-
monie qui la posséde &
qui l'enchante, elle n'a
non plus d'attention à
tout le refte, que fi toutes fes puiffances étoient
liées par un fommeil réel.

Enfin, pour la confor-
mité de l'Air, avec le fens
des paroles, je n'ay jamais
rien entendu, en matiére
de Symphonies, de com-

parable à celle qui fut éxé-
cutée à Rome, à l'Ora-
toire de S. Jérôme de la
Charité, le jour de la
Saint Martin de l'année
1697, sur ces deux mots,
mille saette, mille fléches : c'étoit un Air dont
les Notes étoient pointées
à la maniére des Gigues ;
le caractére de cet Air
imprimoit si vivement
dans l'ame l'idée de flé-
che ; & la force de cette
idée séduisoit tellement

l'imagination, que cha-
que violon paroiſſoit être
un arc ; & tous les Ar-
chets, autant de fléches
décochées dont les poin-
tes ſembloient darder la
Symphonie de toutes
parts ; on ne ſauroit en-
tendre rien de plus ingé-
nieux & de plus heureu-
reuſement exprimé. Ain-
ſi, ſoit que les Airs ſoient
d'un caractére vif ou d'un
caractére tendre, ſoit qu'-
ils ſoient impétueux ou
languiſſans

languiſſans, les Italiens
l'emportent également
ſur les François : mais ils
font, par deſſus cela, une
choſe que ny les Muſi-
ciens François, ny ceux
de toutes les autres Na-
tions ne ſauroient &
n'ont jamais ſçu faire;
car ils uniſſent quelquesfois, d'une maniére ſur-
prenante, la tendreſſe avec
la vivacité, comme on le
peut voir dans le fameux
Air *Mai non ſi vidde*

ancor più bella fedelta
&c. lequel eſt le plus
doux & le plus tendre
du monde , & dont la
Symphonie néanmoins
eſt la plus vive & la plus
picquante qui ſe puiſſe
entendre ; ils allient ces ca-
ractéres oppoſez d'une
maniére qui , bien loin de
gâter un contraire par ſon
contraire , embellit toû-
jours l'un par l'autre.

Que ſi préſentement ,
des Airs ſimples , nous

passons aux Piéces com-
posées de plusieurs parties,
quel avantage les Italiens
n'auront-ils pas sur les
François ? Je n'ay guéres
vû de Musiciens, en Fran-
ce, qui ne convinssent que
les Italiens savent mieux
tourner & croiser un
Trio, que les François.
Chez nous, le premier
dessus a ordinairement
assez de beauté; mais le
second n'en sauroit avoir
descendant aussi bas qu'-

on le fait defcendre : en
Italie, on fait les deffus
de trois ou quatre tons
plus haut qu'en France;
tellement que les feconds
deffus fe trouvent, par-là,
d'un ton affez haut pour
avoir autant de beauté,
que nos premiers deffus
mêmes. D'ailleurs les trois
parties en font fi égale-
ment belles, que fouvent
on ne fauroit dire laquelle eft le fujet. Lully en a
fait quelques-uns de cet-

te beauté , mais ils font en bien petit nombre ; au lieu que prefque tous ceux que font les Italiens, font de ce caractére.

Mais c'eft dans les Piéces qui ont encore plus de parties , que paroît beaucoup mieux l'avantage que les Muficiens d'Italie ont fur ceux de France, pour la compofition. En France, c'eft beaucoup quand le fujét eft beau, il eft rare que les

parties qui l'accompa-
gnent ayent feulement
un chant fuivi; on y trouve bien , quelquesfois ,
des Baffes continuës qui
roulent toûjours, & que
les François trouvent ad-
mirables à caufe de cela;
mais, en ces occafions, les
deffus font peu de chofe,
ils ceffent d'être le fujet,
& la Baffe le devient pour
lors. Quant aux accom-
pagnemens de violon,
ce ne font, en la plûpart,

que de simples coups d'archet qu'on entend par in-
tervalles, qui n'ont aucun
chant lié & suivi, & qui
ne servent qu'à faire en-
tendre, de tems en tems,
quelques accords. En Ita-
lie, au contraire, le premier deſſus, le ſecond,
la Baſſe continuë, & tou-
tes les autres parties qui
entrent dans la compoſi-
tion des Piéces les plus
remplies, ſont également
travaillées. Les violons y

jouënt toûjours des par-
ties dont le chant eſt ordinairement auſſi beau
que l'Air même qui en eſt
le ſujet : auſſi arrive-t-il
ſouvent qu'après avoir entendu quelque choſe de
l'Air qu'on trouve char-
mant, on eſt inſenſible-
ment entraîné par les parties accompagnantes qui
ne charment pas moins,
& qui font abandonner le
ſujet pour ſe faire ſuivre ;
tout y eſt d'une beauté ſi

égale, qu'on ne sauroit
dire quelle est la partie
dominante. Quelquesfois
la Basse continuë attache
tellement qu'en l'écou-
tant, on ne pense point
du tout au sujet; d'autres
fois le sujet entraîne de
telle sorte, qu'on ne fait
nulle attention à la Basse
continuë ; un moment
après, les accompagne-
mens de violon ravissent
de telle maniére, qu'on
n'écoute ny la Basse con-

tinuë, ny le sujet; ce n'est pas assez d'une ame pour sentir la beauté de toutes les parties; il faudroit se multiplier pour suivre & goûter, à la fois, trois ou quatre choses qui sont aussi belles l'une que l'autre; on est emporté, enchanté, on est extasié de plaisir; il faut se récrier pour se soulager, il n'y a personne qui puisse s'en défendre; on attend avec impatience la fin de cha-

que Air, pour respirer;
on ne peut souvent se con-
tenir jusqu'au bout, on in-
terrompt le Musicien par
des cris & par des applau-
dissemens infinis, la Mu-
sique Italienne produit,
tous les jours, ces effets;
il n'y a personne de ceux
qui ont voyagé en Italie
qui n'en ait été mille fois
témoin; on n'a jamais
éprouvé rien de sembla-
ble en aucun autre païs;
ce sont des beautez d'un

degré d'excellence où l'imagination ne sauroit atteindre, avant qu'on les entende ; & au-delà duquel on ne sauroit imaginer rien, après qu'on les a entenduës.

Enfin, les Italiens sont inépuisables dans la production de ces Piéces composées de tant de belles parties ; au lieu que le génie des François est extrémement borné en cela. En France, un compositeur croit faire beaucoup que de diverſifier le ſujet; pour les accompagnemens, il n'y a rien de ſi ſemblable; ce ſont toûjours les mêmes accords, les mêmes chutes, nulle variété, nulle ſurpriſe, on y prévoit tout: Les Muſiciens François ſe pillent, par-tout, les uns les autres, ou ſe copient tellement eux-mêmes, que preſque tous leurs Ouvrages ſont ſemblables. En Italie au-

contraire, les génies y
font inépuifables & infi-
nis pour la quantité &
pour la diverfité des airs;
le nombre en eft innom-
brable fans aucune éxa-
gération, & cependant
il feroit bien difficile
d'en trouver deux qui
fe reffemblaffent. Nous
admirons, tous les jours,
la fécondité du génie
de Lully dans la com-
pofition du grand nom-
bre de beaux Airs tous

différens qu'il a faits; jamais aucun Muſicien n'a paru en France avec tant de talent pour la Muſique, il n'y a perſonne qui n'en convienne, & il ne m'en faut pas davantage pour faire connoître combien le génie des Italiens eſt ſupérieur à celui des François pour l'invention & pour la compoſition en matiére de Muſique; car enfin cet excellent homme dont les

François oppofent les Ouvrages à ceux des plus grands Maîtres d'Italie étoit Italien; il a paſſé tous nos Maîtres, même dans le goût François. Pour établir donc l'egalité entre les deux Nations en ce qui regarde l'art de la Muſique, il faudroit produire l'exemple de quelque François qui eût excellé en Italie au-deſſus des plus grands Maiſtres de ce païs là dans le goût
même

même Italien ; & c'est ce qu'on n'a pas encore vû jusqu'à présent. D'ailleurs Lully est le seul qui ait jamais paru en France avec ce génie supérieur pour la Musique ; & l'Italie est pleine de Maîtres qui font tout au moins de sa force ; il y en a à Rome, à Naples, à Florence, à Venise, à Bologne, à Milan, à Turin, & il y en a eu dans tous les tems : on y a vû les Lüigi, les

Cariſſimi, les Mélani, les l'Egrenzi : à ceux-ci ont ſuccedé les Scarlati, les Buononcini, les Corelli, & les Baſſani qui vivent encore & qui charment toute l'Europe par leurs excellentes productions. Les premiers ſembloient avoir épuiſé toutes les beautez de l'Art; cependant les ſeconds les ont, au moins, égalé dans une infinité d'Ouvrages d'un caractére tout nouveau.

Il s'en éléve ,chaque jour,
qui paroiſſent devoir en-
core renchérir ſur tous
les ſiécles paſſez ; & cela,
dans tous les endroits de
l'Italie ; aulieu qu'en France un de ces grands Maî-
tres eſt regardé comme un
Phénix, on n'en voit qu'-
un à la fois dans tout le
Royaume, il faut un ſié-
cle entier pour le produire ; encore déſeſpere-t-on
que tous les ſiécles enſem-
ble produiſent jamais un

homme capable de rem-
placer Lully. Il n'y a donc,
comme tout le monde le
voit, nulle comparaiſon
à faire des Italiens aux
François, pour le génie
de la Muſique.

Il ne ſe fait plus rien de
beau en France depuis la
mort de Lully, ainſi ceux
qui aiment la Muſique y
ſont ſans plaiſir & ſans eſ-
pérance;mais ils n'ont qu'-
à aller en Italie, & je leur
répons que leur cerveau,

quelque uſé qu'il ſoit par
les traces de la Muſique
Françoiſe, ſera comme
une table d'attente toute
neuve pour la Muſique
Italienne, les Airs Italiens
ne reſſemblant, en quoi
que ce ſoit, aux Airs François, ce qu'on ne com-
prendra jamais à moins
que d'aller en Italie : car
les François ne ſauroient
s'imaginer qu'on puiſſe
rien faire de fort tou-
chant, en matiére de Mu-

fique, qu'il ne reſſemble aux beaux Airs qu'on en- tend en France. Voilà les avantages que les Italiens ont ſur les François pour la Muſique conſidérée en général. Voyons mainte- nant ceux qu'ils ont, par raport aux Opéra. Pour obſerver quelque ordre dans un auſſi grand nom- bre de choſes différentes qui concourent à former un Opéra, je commence- rai par la Muſique où je

dirai deux mots du Réci-
tatif & de la Symphonie; après quoi je parlerai des voix; de ceux qui chantent aux Opéra confidé-
rez comme Muficiens & comme Acteurs; des In-
ftrumens, & de ceux qui les touchent; enfin des Décorations & des Machines.

Il n'y a nul endroit foi-
ble dans les Opéra d'Ita-
lie, comme dans ceux de France; on n'y diftingue

point la belle Scêne, toutes les chanſons y ſont d'une même force, & il n'y en a point à la fin de laquelle on ne ſe récrie & on n'applaudiſſe ; au lieu que dans nos Opéra il y a je ne ſai combien de Scênes languiſſantes & d'Airs inſipides qui ne ſauroient toucher qui que ce ſoit, ni plaire, en rien, à perſonne.

Il eſt vrai que notre Récitatif eſt bien plus beau

beau que celui des Italiens qui est trop simple & trop uni, qui est par tout le même, qui n'est point proprement un chant ; car ils ne font, pour ainsi dire, que parler dans leur Récitatif, il n'y a presque point d'inflexion ni de modulation dans ce prétendu chant ; cependant, ce qu'il y a d'admirable, c'est que les parties qui servent d'accompagnement à cette Psalmodie

G

font excellentes : car leur génie pour la compofi-tion eſt ſi merveilleux , qu'ils ſavent trouver des accords charmans, même au ſon de la voix d'une perſonne qui parle ſim-plement ſans chanter , ce qu'on n'a jamais vû , & ce qu'on ne ſauroit voir en nul autre endroit du monde.

Il en eſt de leur ſym-phonie en particulier à l'égard de la nôtre, comme de leur Mufique en général : Dans nos Opéra elle eft, en beaucoup d'endroits, fort feiche & fort ennuyeufe ; au lieu que, dans ceux d'Italie, elle eft par tout moëlleufe, remplie d'accords les plus harmonieux ; & cela, fans aucune inégalité.

J'ai dit, au commencement de ce Paralele, que nous avions un grand avantage fur les Italiens par les Baffe-contres qui font fi communes parmi nous, & qui font fi rares en Italie : mais quels avantages n'ont-ils pas fur nous, pour les Opéra, par leurs *Caftrati* qui font fans nombre, & dont nous n'en avons pas un feul en France ? Les voix de femme font à la vérité auffi douces & auffi agréables, chez nous, que celles de ces fortes d'hommes ; mais il s'en faut bien qu'elles foient auffi fortes

& aussi perçantes ; il n'y a point de voix ny d'homme ny de femme au monde si flexibles que celles de ces *Castrati* ; elles sont nettes , elles sont touchantes , elles pénétrent jusqu'à l'ame.

Vous entendez quelquefois une symphonie si charmante, qu'on ne sauroit imaginer rien au delà ; cependant il se trouve que ce n'est que l'accompagnement d'un Air en-

core plus beau chanté par
une de ces voix qui, d'un
son le plus éclatant & en
même tems le plus doux,
perce la symphonie & s'é-
léve au dessus de tous les
Instrumens avec un agré-
ment qu'on ne sauroit
décrire , il faut l'entendre.

Ce sont des gosiers &
des sons de voix de Ros-
signol ; ce sont des haleines à faire perdre terre ,
& à vous ôter presque la

respiration , des haleines infinies par le moyen desquelles ils exécutent des passages de je ne sai combien de mesures , ils font des échos de ces mêmes passages , ils soutiennent des tenuës d'une longueur prodigieuse, au bout desquelles , par un coup de gorge semblable à ceux des Rossignols , ils font encore des cadences de la même durée.

Au reste, ces voix dou-

ces & roſſignolantes ſont
enchantées dans la bou-
che des Acteurs qui font
le perſonnage d'amant ;
rien n'eſt plus touchant
que l'expreſſion de leurs
peines formée avec ces
ſons de voix ſi tendres &
ſi paſſionnez ; & les Italiens ont , en cela , un
grand avantage ſur les
Amans de nos Théatres,
dont la voix groſſe &
mâle eſt conſtamment
bien moins propre aux

douceurs qu'ils difent à leurs Maîtreffes. D'ailleurs comme ces voix font auffi fortes qu'elles font douces, on entend tres-diftinctement tout ce qui fe chante aux Théatres Italiens, au lieu qu'on en perd la moitié à ceux des François à moins que l'on ne foit bien près & que l'on ne fache deviner : Ce font ordinairement de petites filles fans poumons, fans force, & fans halei-

ne, qui chantent, en France, les Deſſus ; au lieu que
cette même partie eſt toûjours chantée , en Italie,
par des hommes forts
dont la voix ferme & ré-
ſonnante ſe fait entendre
avec netteté dans les lieux
les plus vaſtes , ſans qu'on
en perde une ſyllabe à
quelqu'endroit qu'on ſoit
placé.

Mais le plus grand a-
vantage que les Italiens
ont ſur les François par le

moyen de leurs *Caſtra-*
ti , du côté des voix, c'eſt
que ces voix leur durent
des trente & quarante
années; au lieu que celles
de nos femmes ne con-
ſervent , guéres plus de
dix ou douze ans , leur
force & leur beauté ; de
ſorte qu'une Actrice eſt
à peine formée pour le
Théatre , qu'elle perd ſa
voix, & qu'il en faut prendre, en ſa place , de nou-
velles qui manquent à

l'action, si elles ne manquent pas au chant, & à qui il faut des cinq & six années d'exercice pour devenir capables d'éxécuter les rôles un peu considérables. C'est beaucoup, en France, quand il y a cinq ou six bonnes voix sur trente & quarante Acteurs ou Actrices qui se trouvent à un Opéra. En Italie, elles sont toutes à peu près égales, & l'on en prend rarement de médiocres, parce que l'on en a à choisir tant qu'on veut.

Quant aux Acteurs ; on peut les regarder ou comme des Muficiens qui ont leur partie à chanter; ou comme des perfonnages de Théatre qui ont leur rôle à joüer ; & les Italiens, fous l'un & fous l'autre de ces raports, fur-paffent encore les François.

Chez nous, il y a toûjours, dans un Opéra, quelque Acteur véreux qui manque au chant ou à la mesure, quelque Actrice foible qui chante faux & qu'on excuse sur ce qu'elle n'est pas encore faite au Théatre, qui n'a point de voix & à qui on pardonne souvent, parce qu'elle plaît d'ailleurs & qu'elle est d'une jolie figure. Cela n'arrive jamais aux Opéra d'Italie, il n'y a point de voix

qui ne foit au moins fup-
portable ; il n'y a point
d'homme ni de femme
qui ne chante fi parfaitement fa partie qu'avec des
voix même d'une mé-
diocre beauté , ils enlé-
vent tous ceux qui les entendent , par la force des
paffages qu'ils exécutent;
car on ne fait, nulle part,
la Mufique comme on la
fait en Italie ; & il n'y a
pas lieu d'en être furpris,
les Italiens s'en faifant une

étude comme nous nous en faifons une d'apprendre à lire ; il y a , chez eux , des Ecoles où les enfans vont apprendre à chanter , comme ils y vont en France pour apprendre à lire ; ils y vont dès leur plus tendre jeuneffe, & y employent des neuf & dix ans ; de forte qu'ils chantent là , comme on lit ici quand on a bien appris à lire , c'eft à dire avec fermeté , avec feureté,

& sans même y penser.
Les Italiens chantent les
choses mêmes qu'ils n'ont
jamais vûës sans bron-
cher, comme on lit, sans
hésiter , un livre qu'on
n'a jamais lû , quand on
fait bien lire. Les Italiens
n'étudient la Musique
qu'une fois , mais ils l'apprennent dans la derniére
perfection : Les François
l'étudient tellement quel-
lement , mais aussi faut-il
qu'ils l'étudient toute leur

H

vie ; car , à chaque nouvelle Piéce qui se présente en France , il faut que les Musiciens l'étudient & l'apprennent, pour la bien chanter ; il faut faire une infinité de repétitions particuliéres d'un Opéra pour le mettre en état d'être représenté en public ; celui-ci commence trop tôt , celui-là trop tard ; l'un chante faux , l'autre manque à la me-

sure ; le Maître de Musi-
que se tourmente de la
main & de la voix, il fait
cent contorsions de tous
les membres de son corps,
& avec cela il a bien de
la peine à en venir à bout.
Les Italiens, au contraire,
sont si consommez , &
pour ainsi dire, si infailli-
bles dans la Musique ,
que tout un Opéra s'exé-
cute chez eux avec la derniére justesse, sans même
qu'on y batte la mesure ,

ni qu'on sache qui est le Maître qui le fait exécuter. Ils joignent à cette justesse tous les agrémens qu'un Air est capable de recevoir, ils y font cent fortes de passages, & cela tout en badinant; ils font, dans leur gosier, des Echos d'une finesse charmante; les François ne savent ce que c'est que ces Echos.

Dans les Airs tendres, ils affoiblissent insensiblement leur voix, & la lais-

fent enfin mourir tout à
fait à la fin de l'Air : Ce
font des beautez de la
derniére délicateſſe ; délicateſſe non ſeulement in-
connuë, mais encore im-
poſſible aux François,
dont les Deſſus ont ſi peu
de force que, pour peu
qu'ils vinſſent à les affoi-
blir, ils s'éteindroient entiérement & on ne les
entendroit plus du tout.
Ces Echos néanmoins &
ces affoibliſſemens de

voix donnent de tels a-
grémens aux Airs Italiens,
que souvent le Compo-
siteur lui-même les trou-
ve plus beaux dans la
bouche de ceux qui les
chantent , que dans sa
propre idée ; & les Ita-
liens ont , en cela , un
double avantage sur les
François , pour leurs
Opéra ; ce qui fait qu'ils
chantent mieux que nous,
étant aussi cause qu'ils
sont meilleurs Acteurs ;

car , se faisant un jeu de
la Musique & chantant
avec toute la justesse pos-
sible sans être obligez à
faire attention ni à la mesure ni à aucune autre
régle, il arrive de là qu'ils
peuvent mettre toute leur
application à bien accom-
moder leur extérieur à
l'action ; & que n'étant
attentifs qu'à entrer dans
les passions & à compo-
ser leurs gestes, il leur est
bien plus aisé d'être bons

Acteurs qu'aux François,
qui ne ſachant pas ſi bien
la Muſique, ſont ſouvent
obligez à s'occuper en-
tiérement du ſoin d'en
exécuter les régles. Nous
n'avons pas un ſeul hom-
me capable de faire le
perſonnage d'un Amant
paſſionné, dans nos Opé-
ra, à la réſerve de Du-
mény ; mais outre qu'il
chante extrémement faux
& qu'il ſait tres-peu de
Muſique, il s'en faut bien
que

que fa voix foit auffi agréable & auffi belle, que
celles des *Caftrati* d'Italie.

Si une principale Ac-
trice, comme la Rochoix,
vient à nous manquer,
non feulement Paris, mais
toute la France entiére ne
fauroit en fournir une
autre qui puiffe la rem-
placer. En Italie, pour un
Acteur ou une Actrice
qui manqueront, on en
trouvera dix autres auffi-

tôt ; car les Italiens naif-
fent tous Comédiens , &
font auffi excellens Ac-
teurs , que Muficiens.
Leurs vieilles font des
perfonnages incompara-
bles ; & leurs Bouffons
valent ce que nous avons
jamais vû de meilleur ,
en ce genre là , fur nos
Théatres.

D'ailleurs les Italiens
ont encore un grand a-
vantage fur nous par le
moyen de leurs *Caftrati,*

en ce qu'ils en font le per-
sonnage qu'ils veulent, une femme aussi-bien qu'un homme, selon qu'ils en ont besoin ; car ces *Castrati* sont telle-ment accoûtumez à faire des rôles de femme, que les meilleures Actrices du monde ne les font point mieux qu'eux ; ils ont la voix aussi douce qu'elles, & l'ont avec cela beau-coup plus forte ; ils sont plus grands que le com-

mun des femmes, & ont par là plus de majesté qu'elles ; ils font mêmes ordinairement plus beaux en femme, que les femmes mêmes. FERINI, par exemple, qui, en 1698. faisoit, à Rome, le personnage de *Sibaris* à l'Opéra de *Thémistocle*, est plus grand & plus beau que ne le font communément les femmes, il a je ne sai quoi de noble & de modeste dans la phy-

sionomie; habillé en Prin-
cesse Persanne , comme
il étoit , avec le Turban
& l'Aigrette, il avoit un
air de Reine & d'Impé-
ratrice ; & l'on n'a peut-
être jamais vû une plus
belle femme au monde ,
qu'il le paroissoit sous cet
habit. L'Italie est pleine
de ces sortes de gens , on
y trouve par tout des Ac-
teurs & des Actrices à
choisir. J'ai vû, à Rome,
un homme qui étoit aussi

fort pour la Mufique ,
que les plus habiles gens
de nos Opéra ; il étoit ,
outre cela, excellent Ac-
teur & valoit pour le
moins notre Harlequin
& notre Raifin ; cepen-
dant cet homme n'étoit
ni Muficien ni Comédien
de profeffion ; c'étoit un
Procureur qui quittoit les
affaires au Carnaval pour
prendre un rôle à l'Opé-
ra, & qui faifoit fa Charge durant tout le refte de

l'année. Il est donc beaucoup plus aisé, comme
on voit, de faire bien
exécuter un Opéra en
Italie, qu'il ne l'est en
France.

Les Italiens ont encore,
pour les Instrumens &
pour ceux qui les tou-
chent, le même avantage
qu'ils ont sur nous, pour
les voix & pour les
personnes qui chantent.
Leurs violons sont mon-
tez de cordes plus grosses

que les nôtres, ils ont des archets beaucoup plus longs, & ils savent tirer de leurs Instrumens une fois plus de son, que nous. Pour moi, la premiére fois que j'entendis l'Orchestre de notre Opéra à mon retour d'Italie, l'idée de la force de ces sons qui m'étoit encore présente, me fit trouver ceux de nos violons si foibles, que je crus qu'ils avoient tous des sourdines. Leurs Ar-

chiluts font une fois plus
grands que nos Thüor-
bes ; tout y eft plus fort
de la moitié, pour le fon;
leurs Baffes de violon font
une fois plus groffes que
les nôtres ; & toutes celles qu'on joint enfemble,
dans nos Opéra , ne font
point un bourdonne-
ment auffi fort , que le
font deux de ces groffes
Baffes , aux Opéra d'Ita-
lie ; c'eft affurément un
Inftrument qui nous

manque en France , que
ces Baſſes d'un creux qui
fait , chez les Italiens , une
Baze admirable ſur la-
quelle tout le Concert eſt
comme ſoutenu ; c'eſt un
fondement ſeur & d'au-
tant plus ſolide , qu'il eſt
plus bas & plus profond ;
c'eſt un ſon nourri &
moëlleux qui remplit l'air
d'une harmonie agréable
dansune Sphére d'activité
qui s'étend juſqu'aux ex-
trémitez des plus vaſtes

lieux ; le son de leurs symphonies est porté par l'air jusqu'aux voûtes dans les Eglises ; & jusqu'au Ciel dans les lieux à découvert : Et pour ceux qui touchent ces Instrumens, nous n'avons que tres-peu de gens qui en approchent en France. On voit, en Italie, des enfans de quatorze à quinze ans avec une Basse ou un Dessus de vio-lon joüer admirablement bien des symphonies qu'ils n'ont jamais vûës, mais des symphonies d'une exécution qui démonteroit nos plus habiles gens ; & cela , souvent par dessus l'épaule de deux ou trois personnes qui sont devant eux , à quatre & cinq pas de la Tablature , vous voyez ces petits torticolis jetter seulement un œil de travers sur le livre , & emporter les choses les plus

difficiles du premier coup.
On ne bat point la
mesure aux Orcheſtres
d'Italie , & cependant
on n'y voit jamais per-
ſonne manquer d'un
tems, ni d'un ton. Il faut
tout Paris pour former
un bel Orcheſtre , on n'y
en trouveroit pas deux
comme celui de l'Opéra;
à Rome où il n'y a pas la
dixiéme partie du monde
qui eſt à Paris, on trou-
veroit de quoi fournir

sept & huit Orchestres composez de Clavessins, de Violons & de Thüorbes, tous également bien remplis. Mais en quoi principalement les Orchestres d'Italie l'emportent sur ceux de France, c'est que les plus grands Maîtres ne dédaignent pas d'y joüer. J'ay vû, à Rome, à un même Opéra, Corelli, Pasquini, & Gaëtani, qui font constamment les premiers

hommes du monde pour
le Violon, pour le Cla-
veſſin, & pour le Thüor-
be ou l'Archilut : Auſſi
ſont-ce des gens à qui ,
pour un mois ou ſix ſe-
maines au plus , on don-
ne chacun trois & qua-
tre cens piſtoles. C'eſt la
maniére dont on traite
& dont on paye les Mu-
ſiciens, qui eſt cauſe en
partie, qu'il y en a & qu'il
y en aura toûjours beau-
plus chez les Italiens, que

chez nous. On les mé-
prife, en France, comme
des gens d'une profeſſion
baſſe ; en Italie, on les
eſtime & on les carreſſe
comme des illuſtres. Ils
font des fortunes tres-
conſidérables parmi les
Italiens : Et, chez nous,
à peine gagnent-ils de
quoi vivre ; de là vient
qu'il y a dix fois plus de
perſonnes qui s'attachent
à la Muſique en Italie ,
qu'en France ; & parmi

un

un plus grand nombre de gens qui s'y appliquent, il eſt naturel que même toutes choſes étant égales, il y en ait auſſi un plus grand nombre qui y réuſſiſſent. Rien n'eſt plus commun, en ce païs-là, que les Joüeurs d'Inſtrumens, les Muſiciens, & la Muſique. Les Chanteurs de la Place Navône à Rome, & ceux du Pont de Rialte à Veniſe, qui font, là, ce que font, icy,

K

les Chanteurs du Pont-
neuf, se mettent souvent
trois ou quatre ensemble,
dont l'un jouë du Dessus
de violon, l'autre de la Basse, & les autres du Thüor-
be ou de la Guittare ; ils
chantent, avec cela, en
partie, & s'accompagnent
tres-juste de leurs Instrumens. On fait des Con-
certs, en France, qui ne
valent pas mieux.

Enfin, pour les Déco-
rations & pour les ma-

chines, les Opéra d'Ita-
lie l'emportent encore
beaucoup fur ceux de
France. Les Loges y font
bien plus magnifiques ;
l'ouverture du Théatre
y eft bien plus haute &
plus large ; & les peintu-
res de nos Décorations
ne font certainement que
du barboüillage en com-
paraifon de celles des Italiens ; on y voit des Sta-
tuës feintes de marbre &
de ftuc belles comme les

plus belles Antiques de Rome , des Palais , des Colonades, des Galeries, des morceaux d'Archi-tecture d'une grandeur & d'une magnificence au deſſus de tous les Edifices qu'on voit au monde ; des Perſpectives qui trompent le jugement auſſi-bien que les yeux de ceux même qui ſavent tout le ſecret de l'Art ; des vûës d'une étenduë immenſe dans des eſpa-

ces qui n'ont pas trente
pieds de profondeur ; ils
y font même paroître
affez ordinairement les
plus fuperbes Edifices des
anciens Romains , dont
on ne voit plus que les
reftes , comme le Colifée
que j'ay vû , au Collége
Romain , en 1698. dans le
même état où il étoit du
tems de Vefpafien, qui fit
bâtir ce célebre Amphi-
théatre ; tellement que ces
Décorations font non

feulement tres-agréables,
mais encore tres-inftru-
ctives.

Quant aux Machines,
je ne crois pas que l'efprit
humain en puiffe porter
l'invention plus loin qu'-
elle eft pouffée en Italie.
J'ay vû, à Turin, en 1697.
Orphée qui , dans un
Opéra , enchantoit , par
fa belle voix, les animaux;
il y en avoit de toutes les
fortes; des Sangliers, des
Lions, des Ours ; rien ne

sauroit être plus naturel
& mieux contrefait ; un
Singe qui y étoit, y fit cent
badineries les plus jolies
du monde, montant sur
le dos des autres animaux,
leur gratant la tête avec
sa main, & faisant tou-
tes les autres singeries
propres à cette espéce.
Un jour, à Venise, on vit
paroître un Elephant sur
le Théatre ; en un instant,
cette grosse machine se
dépeça, & une armée se

trouva, ſur la Scêne, en ſa place ; tous les ſoldats, par le ſeul arrangement de leurs boucliers , for-moient cet Eléphant d'u-ne maniére auſſi parfaite, que ſi ç'avoit été un Elé-phant naturel & vérita-ble.

J'ay vû , à Rome , en 1698. un phantôme de femme entouré de Gar-des, entrer ſur le Théatre de Capranica ; ce phan-tôme étendant les bras & développant

développant ſes habits, il s'en forma un Palais entier avec ſa façade, ſes aîles, ſes corps & ſes avant-corps de bâtiment, le tout d'une Architecture enchantée ; les Gardes ne firent que piquer leurs Hallebardes ſur le Théatre, & elles furent auſſi-tôt changées en jets d'eau, en caſcades, & en arbres qui firent paroître un jardin charmant au devant de ce Palais; on ne ſauroit rien voir de plus subit que ces changemens, rien de plus ingénieux & de plus merveilleux : aussi sont-ce ordinairement les plus beaux esprits de l'Italie qui se font un plaisir d'inventer ces machines, gens souvent de la première qualité qui régalent le Public de ces sortes de spectacles, sans aucun intérest. C'étoit le Chevalier Acciaioli frére du Cardinal de ce nom, qui avoit

le foin de celles du Théatre de Capranica en 1698.

Voilà , à ce qu'il me
femble , à peu près tout
ce qu'on fçauroit dire de
la Mufique Françoife &
de la Mufique Italienne ,
dans un Paralele ; je n'y
ajoûterai plus qu'une chofe , en faveur des Opéra
d'Italie, qui confirme tout
ce que j'ai dit à leur avantage ; c'est que , quoy qu'il
n'y ait ni Chœurs ni diver-
tiffemens & qu'ils durent

des cinq & six heures, on
ne s'y ennuye cependant
jamais ; au lieu qu'après
quelques représentations
des nôtres qui durent la
moitié moins, il y a tres-
peu de personnes qui n'en
soient rassasiées, & qui ne
s'y ennuyent.

F I N.

TABLE
ALPHABETIQUE

Des Matieres, contenuës
en ce Volume.

A

L iij

D

G

H

I

O

P

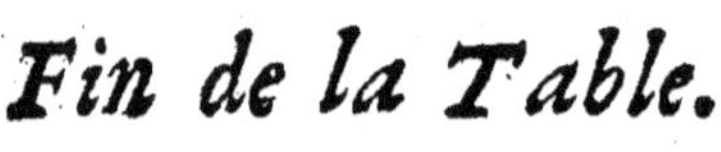

Fin de la Table.